내 차트는 내가 만든다(3)

-내 차 내 만-

기세 상하..기세 황금

손 태 건 (필명: 타 이 쿤)

taikun@naver.com

글 제목 Title of the article

1. 기세 상하_당일
   case study

2. 기세 상하_연속
   case study

3. 기세 상하_연속_주식
   case study

4. 기세 상하_연속_지수
   case study

5. 기세 황금_당일
   case study

6. 기세 황금_연속
   case study

7. 기세 황금_연속_주식
   case study

8. 기세 황금_연속_지수
   case study

1. 기세 상하_당일

<수식>
```
Input      : AF(0.02), AFMAX(0.2);
Var                : Direction(0), SAR_Value(Close), AF_Value(.02),
HighValue(High), LowValue(Low), EP(0),CSarv(0);

if Index == 0 or (Bdate != Bdate[1]) Then
{
      Direction = 0;
      SAR_Value = C;
      AF_Value = 0.02;
      HighValue = H;
      LowValue = L;
      EP = 0;
}

if EP != 0 Then
{
    if Direction == 1 then
    {
       EP = HighValue;
          SAR_Value = SAR_Value + AF_Value * (EP - SAR_Value);

          if High > HighValue then
          {
                HighValue = High;
                AF_Value = AF_Value + AF;
                if AF_Value >= AFMAX then AF_Value = AFMAX;
          }

          if Close < SAR_Value then
          {
```

- 2 -

```
                        Direction       = -1;
                        SAR_Value        = EP;
                        AF_Value        = 0;
                        EP                  = 0;
                        LowValue        = low;
            }
    }
    else
    {
        EP = LowValue;
            SAR_Value = SAR_Value + AF_Value * (EP - SAR_Value);

            if Low < LowValue then
            {
                    LowValue = Low;
                    AF_Value = AF_Value + Af;
                    if AF_Value >= AFMAX then AF_Value = AFMAX;
            }

            if Close > SAR_Value then
            {
                    Direction = 1;
                    SAR_Value = EP;
                    AF_Value = 0;
                    EP = 0;
                    HighValue = High;
            }
    }

    CSarv = SAR_Value;
}
else
{
    if SAR_Value != 0 && EP == 0 then
```

```
{
    if Direction == 1 then
        {
            EP = HighValue;
            AF_Value = AF;
            SAR_Value  =  SAR_Value  +  AF_Value  *  (EP  -
SAR_Value);

            if High > HighValue  then
            {
                HighValue = High;
                AF_Value = AF_Value + AF;

                if  AF_Value  >=  AFMAX  then  AF_Value  =
AFMAX;
            }
        }
        else
        {
            EP = LowValue;
            AF_Value = Af;
            SAR_Value  =  SAR_Value  +  AF_Value  *  (EP  -
SAR_Value);

            if Low < LowValue then
            {
                LowValue = Low;
                AF_Value = AF_Value + AF;

                if  AF_Value  >=  AFMAX  then  AF_Value  =
AFMAX;
            }
        }
```

```
            CSarv = SAR_Value;
}
else
{
    if  Direction  ==  0  then
        {
                if  Close  >  Close[1]  then  Direction  =  1;
                else
                        if  Close  <  Close[1]  then  Direction  =  -1;

        }
        else
        {
            if  Direction  ==  1  then
            {
                    if  Close  <  Close[1]  then
                    {
                            Direction  =  -1;
                            SAR_Value  =  HighValue;
                            CSarv  =  SAR_Value;
                    }
              }

            if  Direction  ==  -1  then
            {
                if  Close  >  Close[1]  then
                    {
                            Direction  =  1;
                            SAR_Value  =  LowValue;
                            CSarv  =  SAR_Value;
                    }
            }
        }
```

```
        LowValue      = min(Low,      LowValue);
        HighValue      = max(High, HighValue);
    }
}


var : t(0),hh(0),hl(0),lh(0),ll(0);
var : hh1(0),hl1(0),lh1(0),ll1(0);
var : hh2(0),hl2(0),lh2(0),ll2(0);

if CrossUp(C,CSarv) Then
{
      t = 1;
      hh = h;
      hl = l;
      hh1 = hh[1];
      hl1 = hl[1];



        var1 = hh1*2-ll;
        Var2 = hh1;
        Var3 = ll;
            Var7 = ll*2-hh1;
            Var9 = CSarv;
}

if CrossDown(C,CSarv) Then
{
      t = -1;
      lh = h;
      ll = l;
      lh1 = lh[1];
      ll1 = ll[1];

        var4 = ll1*2-hh;
```

```
        Var5 = ll1;
        Var6 = hh;
            Var8 = hh*2-ll1;
            Var10= CSarv;
}

if t == 1 Then
{
    if h > hh Then
        hh = h;
    if l < hl Then
        hl = h;
}

if t == -1 Then
{
    if h > lh Then
        lh = h;
    if l < ll Then
        ll = l;
}

Plot1(var1,"상승목표");
Plot2(var2,"HH1");
Plot3(var3,"LL");
Plot4(var4,"하락목표"); #녹밴 하락대칭
Plot5(var5,"LL1");
Plot6(var6,"HH");
Plot7(var7,"하락목표1");
Plot8(var8,"상승목표1");
Plot9(var1+PriceScale,"상승목표+");
Plot10(var8+PriceScale,"상승목표1+");
Plot11(var4-PriceScale,"하락목표-");
Plot12(var7-PriceScale,"하락목표1-");
```

<수식 그리기>

상승목표......일자그리기......빨강......마지막 지표값 체크
HH1...........일자그리기......빨강......마지막 지표값 체크
LL.............일자그리기......파랑......마지막 지표값 체크
하락목표......일자그리기......파랑......마지막 지표값 체크
LL1............일자그리기......파랑......마지막 지표값 체크
HH..............일자그리기......빨강......마지막 지표값 체크
하락목표1.....일자그리기......파랑......마지막 지표값 체크
상승목표1.....일자그리기......빨강......마지막 지표값 체크
상승목표+.....일자그리기......빨강......마지막 지표값 삭제
상승목표1+....일자그리기......빨강......마지막 지표값 삭제
하락목표-......일자그리기......파랑......마지막 지표값 삭제
하락목표1-....일자그리기......파랑......마지막 지표값 삭제

<채우기>

- 8 -

< case study > 콜옵션 2022년 7월 행사가 305.0

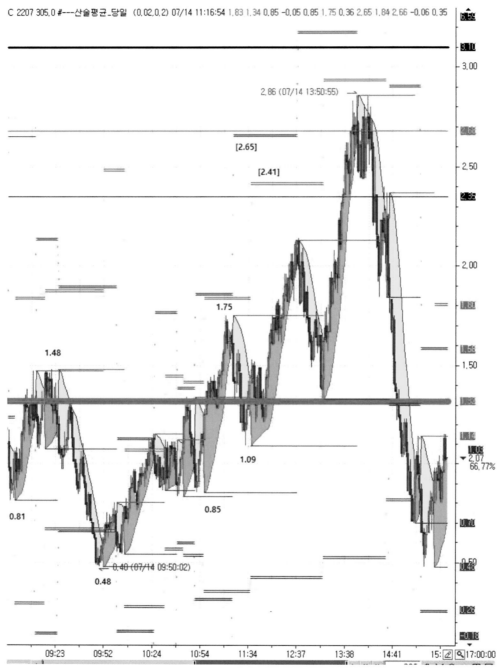

C 2207 305.0 #---산술평균_당일 (0.02,0.2) 07/14 11:16:54 1.83 1.34 0.85 -0.05 0.85 1.75 0.36 2.65 1.84 2.66 -0.06 0.35

1.75+(1.75-1.09)=1.75*2-1.09=2.41......실제 천정=2.86
1.75+(1.75-0.85)=1.75*2-0.85=2.65......실제 천정=2.86
오버 슈팅은 추세 방향으로 나타난다
Overshooting appears in the direction of the trend

< case study > 풋옵션 2022년 7월 행사가 307.5

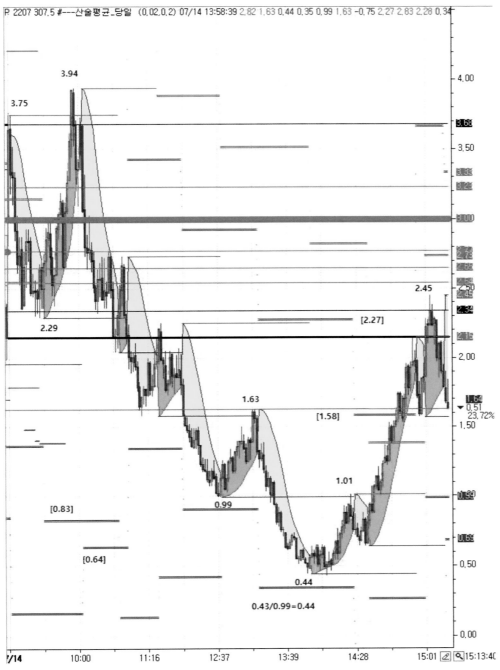

2.29-(3.75-2.29)=2.29*2-3.75=0.83......실제 바닥=0.44
2.29-(3.94-2.29)=2.29*2-3.94=0.64......실제 바닥=0.44

오버 슈팅은 추세 방향으로 나타난다
Overshooting appears in the direction of the trend

< case study > 코스피 선물

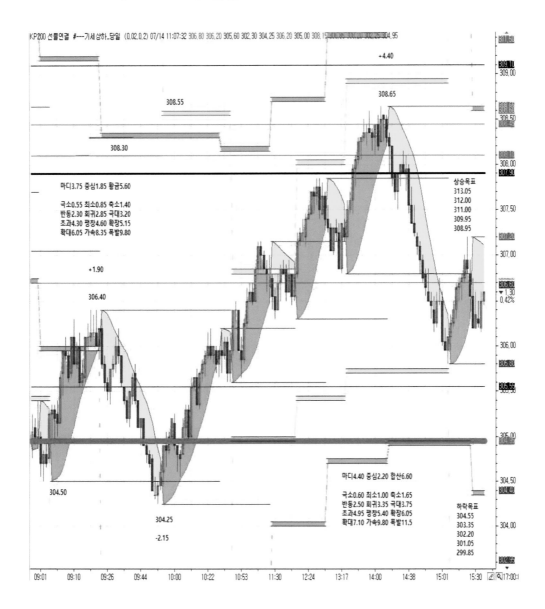

306.40*2-304.50=308.30......실제 천정=308.65

306.40*2-304.25=308.55......실제 천정=308.65

오버 슈팅은 추세 방향으로 나타난다
Overshooting appears in the direction of the trend

2. 기세 상하_연속

<수식>

Input   : AF(0.02), AFMAX(0.2);
Var   : CSarv(0);

CSarv = CSar(af,afmax);

var : t(0),hh(0),hl(0),lh(0),ll(0);
var : hh1(0),hl1(0),lh1(0),ll1(0);

if CrossUp(C,CSarv) Then
{
        t = 1;
        hh = h;
        hl = l;
        hh1 = hh[1];
        hl1 = hl[1];

          var1 = hh1*2-ll;
          Var2 = hh1;
          Var3 = ll;
               Var7 = ll*2-hh1;
}

if CrossDown(C,CSarv) Then
{
        t = -1;
        lh = h;
        ll = l;
        lh1 = lh[1];
        ll1 = ll[1];

```
            var4 = ll1*2-hh;
            Var5 = ll1;
            Var6 = hh;
                Var8 = hh*2-ll1;
}

if t == 1 Then
{
        if h > hh Then
                hh = h;
        if l < hl Then
                hl = h;
}

if t == -1 Then
{
        if h > lh Then
                lh = h;
        if l < ll Then
                ll = l;
}

Plot1(var1,"상승목표");
Plot2(var2,"HH1");
Plot3(var3,"LL");
Plot4(var4,"하락목표");
Plot5(var5,"LL1");
Plot6(var6,"HH");
Plot7(var7,"하락목표1");
Plot8(var8,"상승목표1");
Plot9(var1+PriceScale*2,"상승목표+");
Plot10(var8+PriceScale*2,"상승목표1+");
Plot11(var4-PriceScale*2,"하락목표-");
Plot12(var7-PriceScale*2,"하락목표1-");
```

3. 기세 상하_연속_주식

<수식>
Input   : AF(0.02), AFMAX(0.2);
Var   : CSarv(0);

CSarv = CSar(af,afmax);

var : t(0),hh(0),hl(0),lh(0),ll(0);
var : hh1(0),hl1(0),lh1(0),ll1(0);

if CrossUp(C,CSarv) Then
{
     t = 1;
     hh = h;
     hl = l;
     hh1 = hh[1];
     hl1 = hl[1];

       var1 = hh1*2-ll;
       Var2 = hh1;
       Var3 = ll;
            Var7 = ll*2-hh1;
}

if CrossDown(C,CSarv) Then
{
     t = -1;
     lh = h;
     ll = l;
     lh1 = lh[1];
     ll1 = ll[1];

```
            var4 = ll1*2-hh;
            Var5 = ll1;
            Var6 = hh;
                Var8 = hh*2-ll1;
}

if t == 1 Then
{
        if h > hh Then
                hh = h;
        if l < hl Then
                hl = h;
}

if t == -1 Then
{
        if h > lh Then
                lh = h;
        if l < ll Then
                ll = l;
}

Plot1(var1,"상승목표");
Plot2(var2,"HH1");
Plot3(var3,"LL");
Plot4(var4,"하락목표");
Plot5(var5,"LL1");
Plot6(var6,"HH");
Plot7(var7,"하락목표1");
Plot8(var8,"상승목표1");
Plot9(var1+PriceScale*3,"상승목표+");
Plot10(var8+PriceScale*3,"상승목표1+");
Plot11(var4-PriceScale*3,"하락목표-");
Plot12(var7-PriceScale*3,"하락목표1-");
```

<case study>......기세 상하_연속_주식

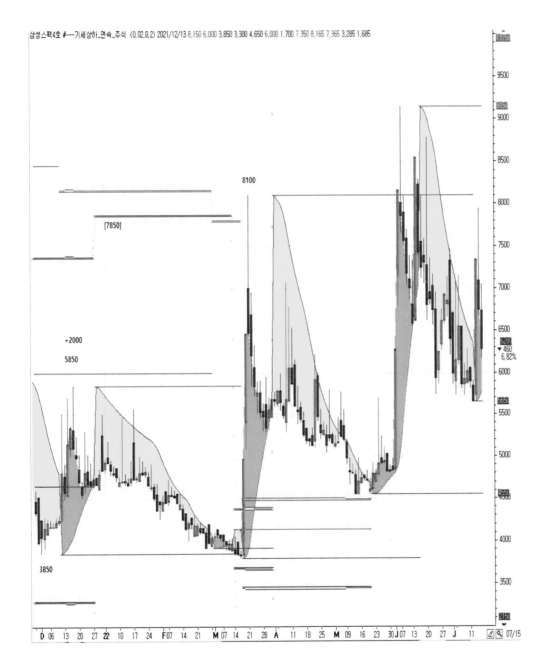

삼성스팩4호 #---기세상하_연속_주식 (0,02,0,2) 2021/12/13 8,150 6,000 3,850 3,300 4,650 6,000 1,700 7,350 8,165 7,365 3,285 1,685

8100

[7850]

+2000

5850

3850

D 06 13 20 27 22 10 17 24 F07 14 21 M07 14 21 28 A 11 18 25 M 09 16 23 30 J07 13 20 27 J 11   07/15

5850-3850=2000

5850+2000=78520

실제 천정=8100

- 16 -

<case study>......기세 상하_연속_주식

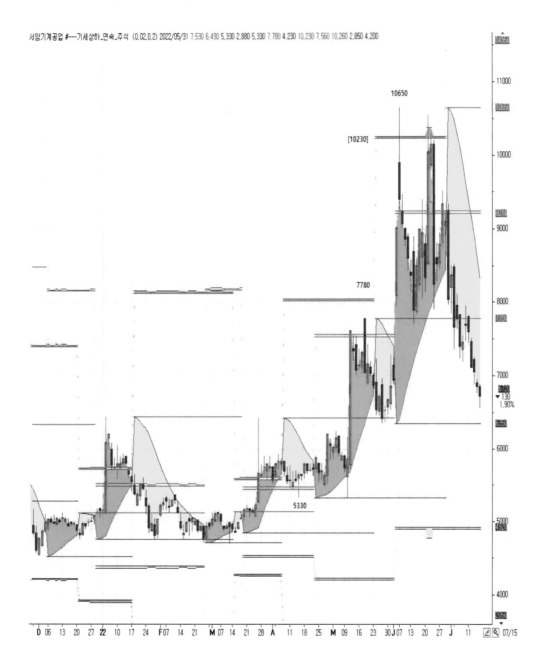

서암기계공업 #---기세상하_연속_주식 (0,02,0,2) 2022/05/31 7,530 6,430 5,330 2,880 5,330 7,780 4,230 10,230 7,560 10,260 2,850 4,200

7780-5330=2450

7780+2450=10230

실제 천정=10650

<case study>......기세 상하_연속_주식

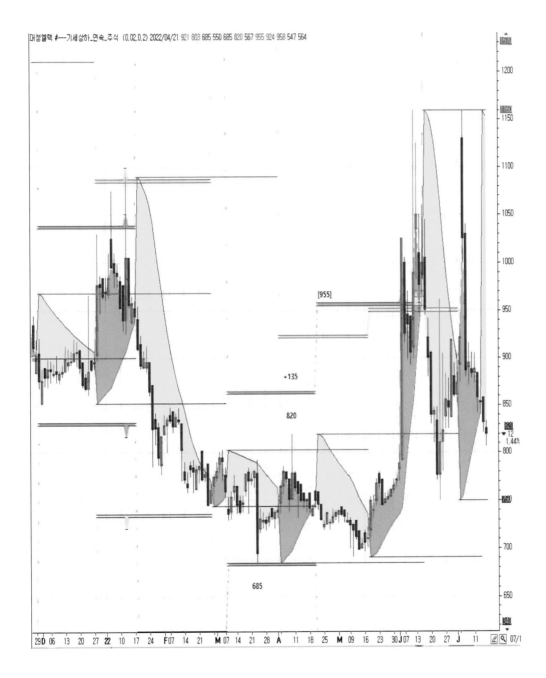

820-685=135

820+135=955

<case study>......기세 상하_연속_주식

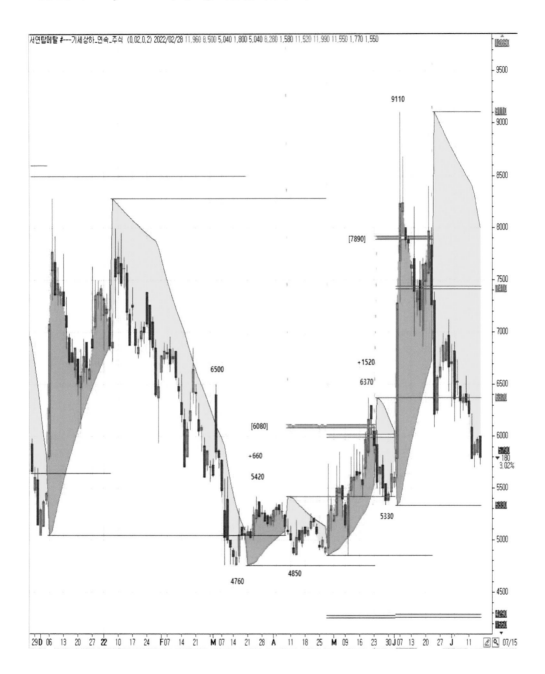

5420~4760......1차 상승

6370~4850......2차 상승......5420*2-4760=6080

9110-5330......3차 상승......6370*2-4850=7890

<case study>......기세 상하_연속_주식

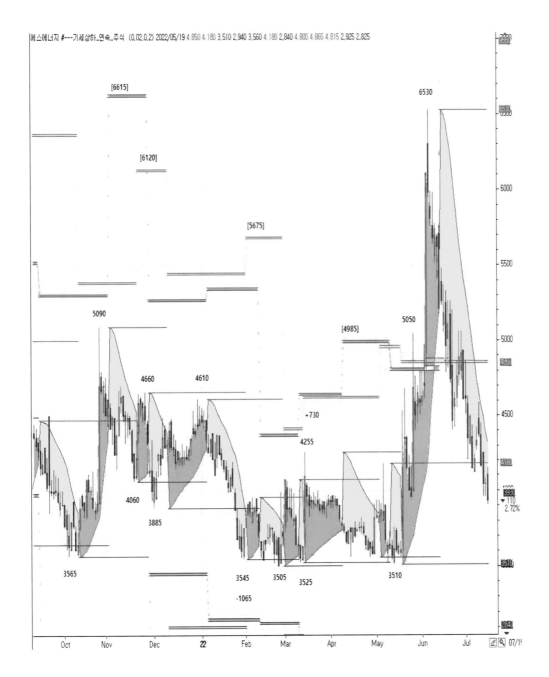

5090*2-3565=6615

5090*2-4060=6120

4255*2-3525=4985

<case study>......기세 상하_연속_주식

한창 #---기세상하_연속_주식 (0,02,0,2) 2022/02/21 1,800 1,260 720 578 720 862 180 1,004 1,803 1,007 575 177

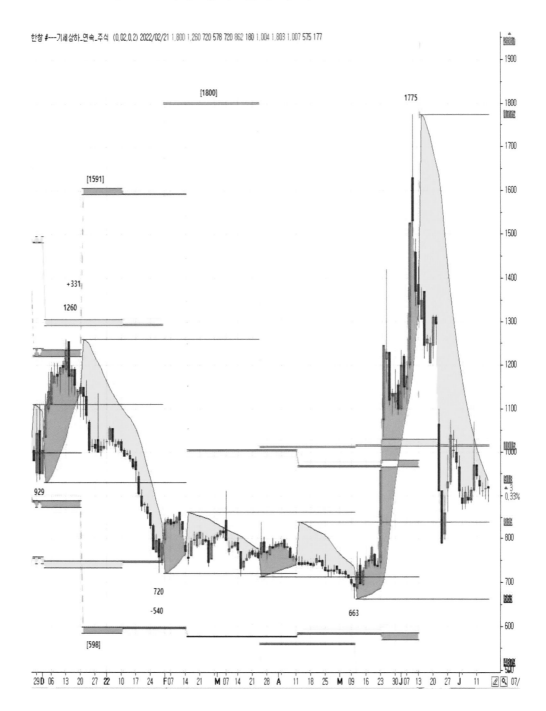

1260*2-929=1591......실제 천정=1775
1260*2-720=1800

<case study>......기세 상하_연속_주식

삼화황관 #---기세상하_연속_주식 (0,02,0,2) 2022/03/04 47,350 44,900 42,450 29,700 42,450 55,200 40,000 67,950 47,500 68,100 29,550 39,850

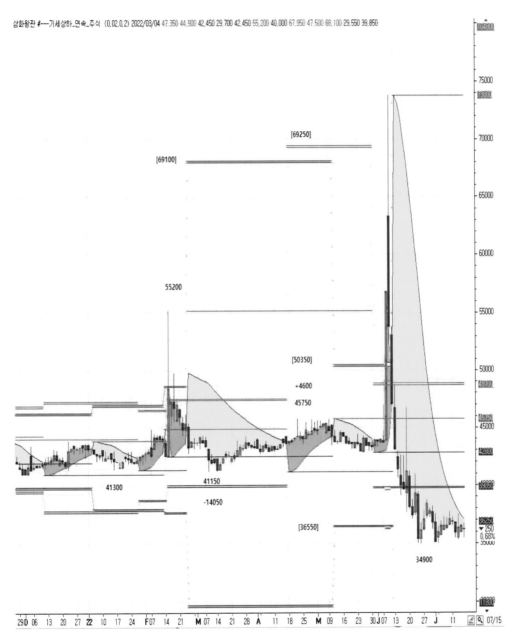

55200*2-41300=69100......실제 천정=73800
55200*2-41150=69250
45750*2-41150=50350
41150*2-45750=36550......실제 바닥=34900
42450*2-55200=29700
41150*2-55200=27100

<case study>......기세 상하_연속_주식

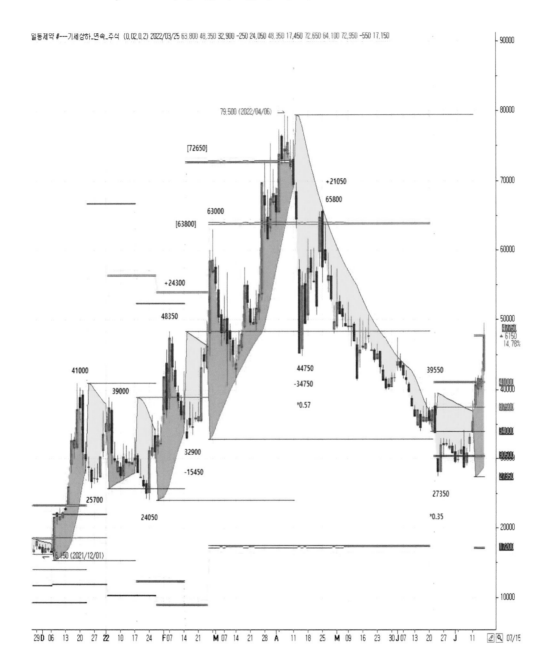

48350*2-32900=63800......실제 천정=63000

48350*2-24050=72650......실제 천정=79500

<case study>......기세 상하_연속_주식

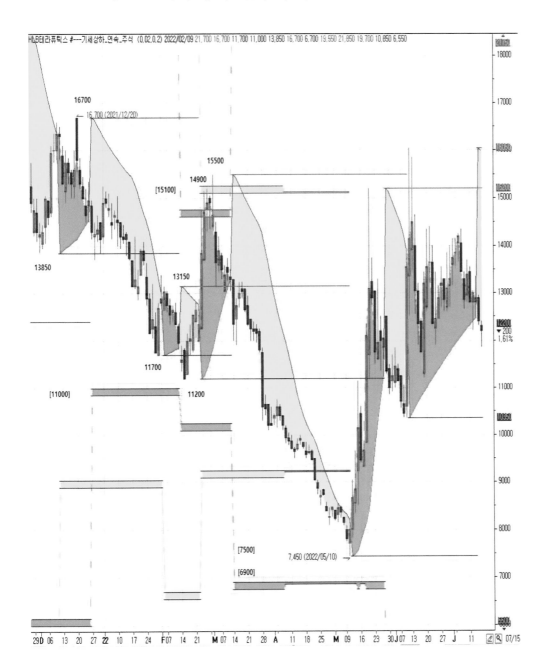

13850*2-16700=11000......실제 바닥=11200

11200*2-14900=7500......실제 바닥=7450......14900=종가 천정

11200*2-15500=6900......실제 바닥=7450......15500=고가 천정

<case study>......기세 상하_연속_주식

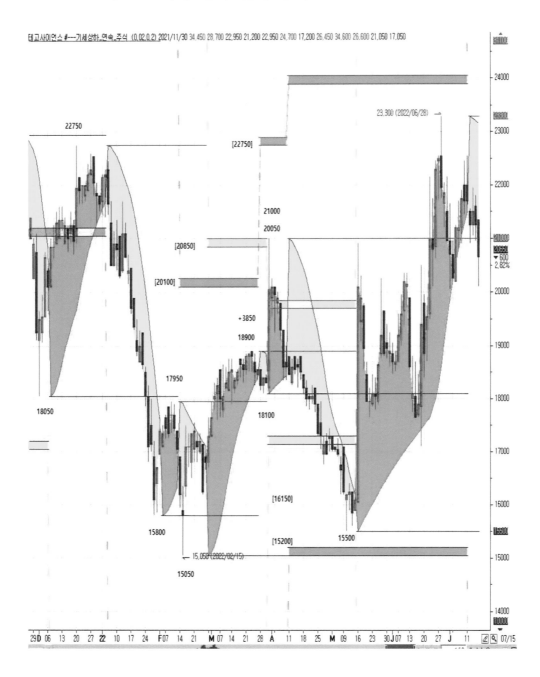

테고사이언스 #---기세상하_연속_주식 (0,02,0,2) 2021/11/30 34,450 28,700 22,950 21,200 22,950 24,700 17,200 26,450 34,600 26,600 21,050 17,050

17950*2-15800=20100......실제 천정=21000
17950*2-15050=20850......실제 천정=21000
18900*2-15050=22750......실제 천정=23300
18100*2-20050=16150......실제 바닥=15500......20050=종가 천정
18100*2-21000=15200......실제 바닥=15500......21000=고가 천정

<case study>......기세 상하_연속_주식

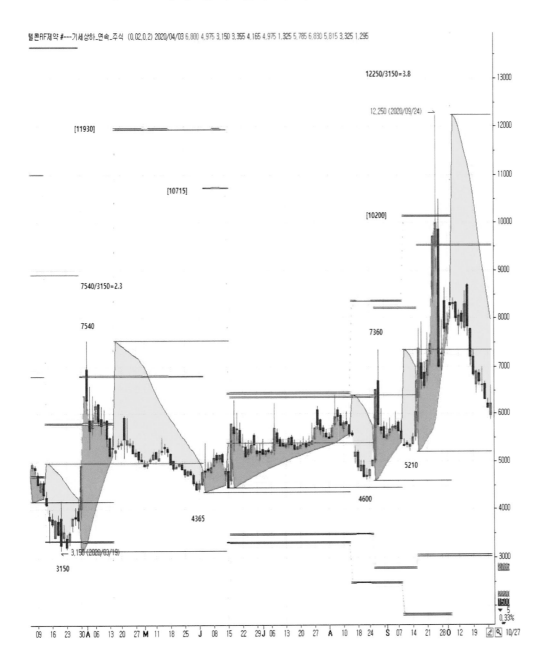

텔론RF제약 #---기세상하_연속_주식 (0,02,0,2) 2020/04/03 6,800 4,975 3,150 3,355 4,165 4,975 1,325 5,785 6,830 5,815 3,325 1,295

7540*2-3150=11930......실제 천정=12250
7540*2-4365=10715......실제 천정=12250

7360*2-4600=10200......실제 천정=12250

<case study>......기세 상하_연속_주식

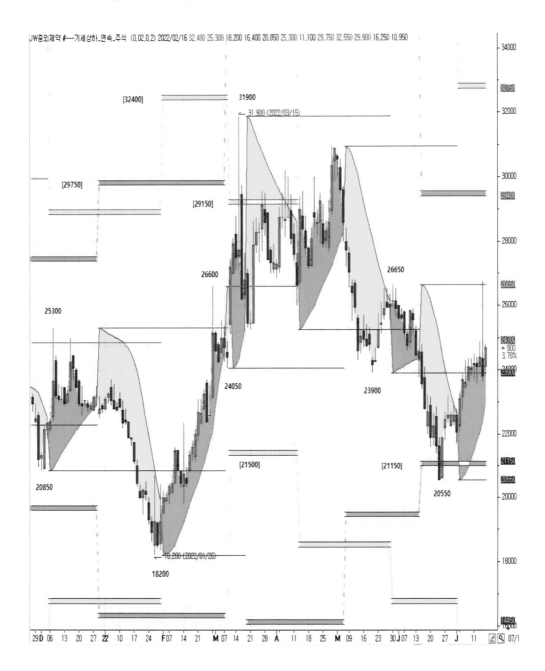

25300*2-20850=29750......실제 천정=31900
25300*2-18200=32400......실제 천정=31900

24050*2-26600=21500......실제 바닥=20550
23900*2-26650=21150......실제 바닥=20550

<case study>......기세 상하_연속_주식

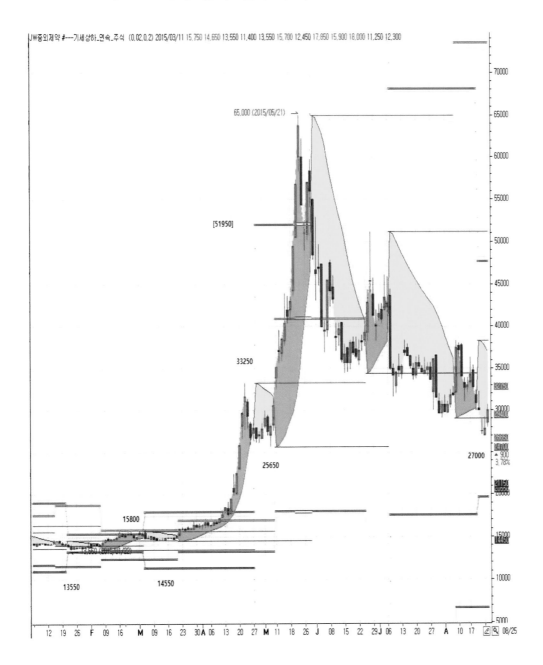

33250*2-14550=51950......실제 천정=65000

33250*2-13550=52950......실제 천정=65000

<case study>......기세 상하_연속_주식

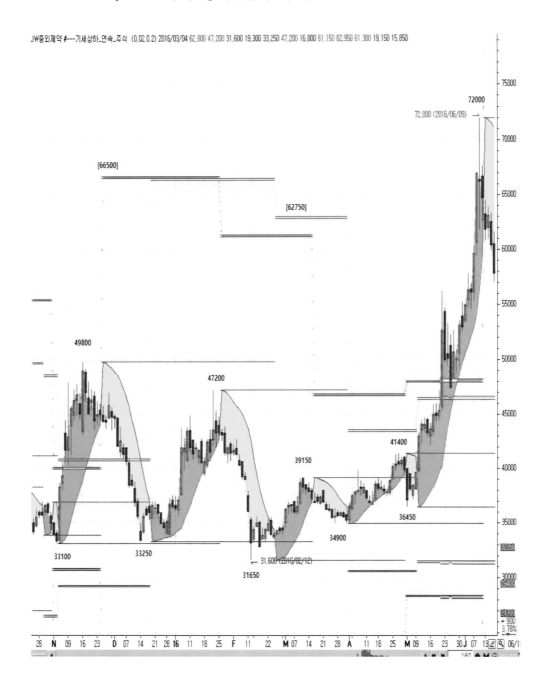

JW중외제약 #---기세상하_연속_주식 (0,02,0,2) 2016/03/04 62,800 47,200 31,600 19,300 33,250 47,200 16,000 61,150 62,950 61,300 19,150 15,850

49800*2-33100=66500......실제 천정=72000

47200*2-31650=62750......실제 천정=72000

<case study>......기세 상하_연속_주식

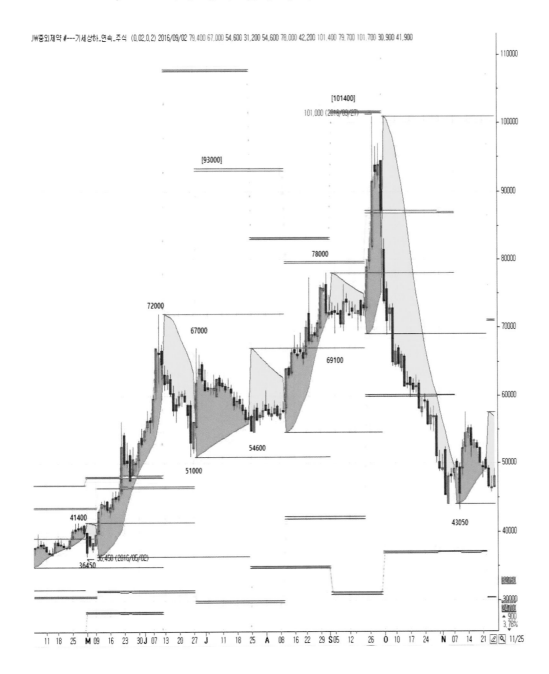

72000*2-51000=93000......실제 천정=101000

78000*2-54600=101400....실제 천정=101000

<case study>......기세 상하_연속_주식

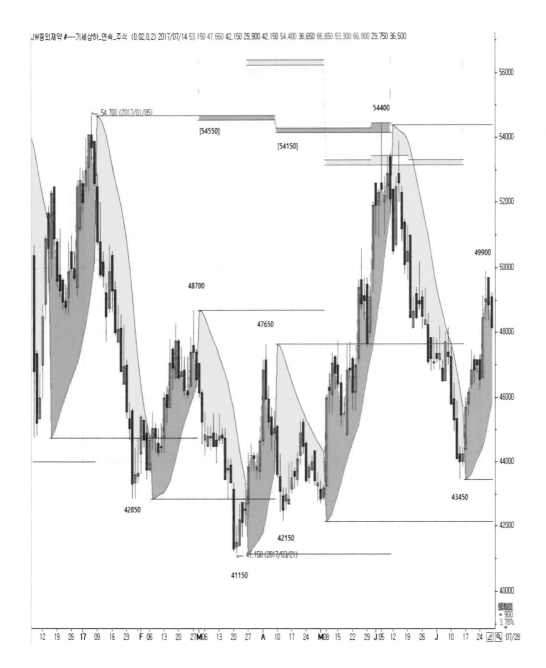

48700*2-42850=54550......실제 천정=54400

47650*2-41150=54150......실제 천정=54400

<case study>......기세 상하_연속_주식

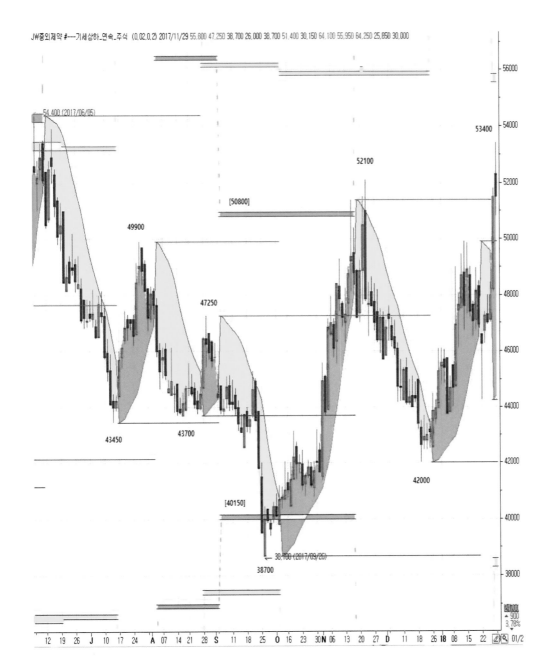

JW중외제약 #---기세상하_연속_주식 (0,02,0,2) 2017/11/29 55,800 47,250 38,700 26,000 38,700 51,400 30,150 64,100 55,950 64,250 25,850 30,000

47250*2-43700=50800......실제 천정=52100

43700*2-47250=40150......실제 바닥=38700

<case study>......기세 상하_연속_주식

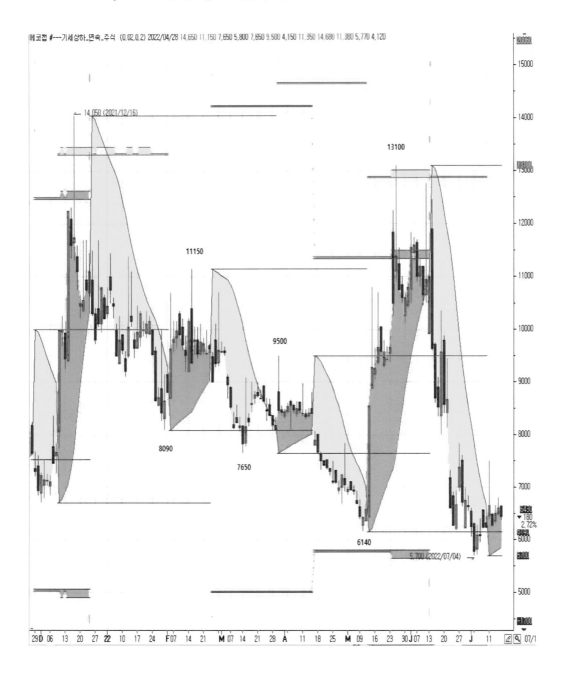

9500*2-7650=11350......실제 천정=13100

9500*2-6140=12860......실제 천정=13100

<case study>......기세 상하_연속_주식

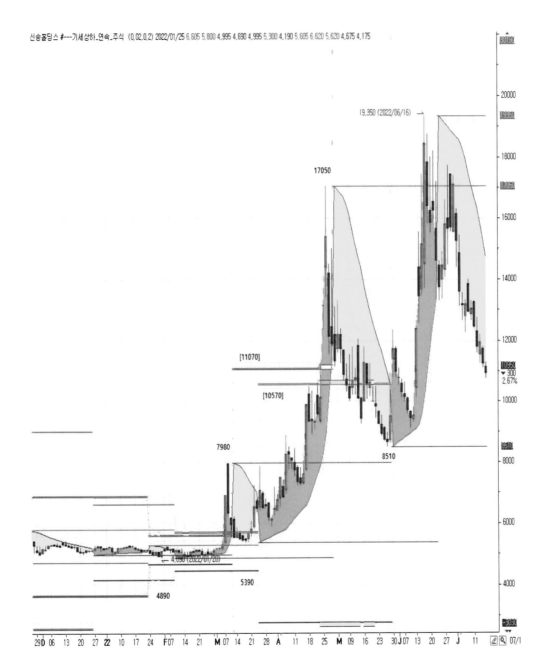

신송홀딩스 #---기세상하_연속_주식 (0,02,0,2) 2022/01/25 6,605 5,800 4,995 4,690 4,995 5,300 4,190 5,605 6,620 5,620 4,675 4,175

7980*2-4890=11070...........실제 천정=17050

7980*7980/4890=13020......실제 천정=17050

<case study>......기세 상하_연속_주식

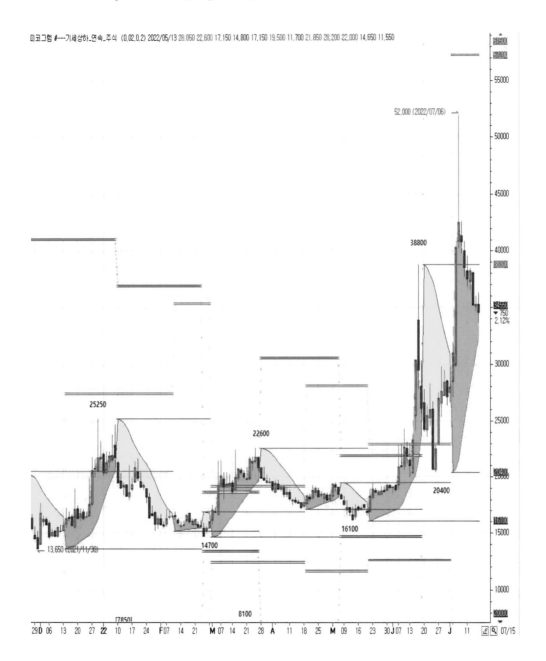

피코그램 #---기세상하_연속_주식 (0,02,0,2) 2022/05/13 26,050 22,600 17,150 14,800 17,150 19,500 11,700 21,850 28,200 22,000 14,650 11,550

25250*2-13650=36850......실제 천정=38800

22600*2-14700=30500......실제 천정=38800

돌파 천정 25250..22600 회귀

<case study>......기세 상하_연속_주식

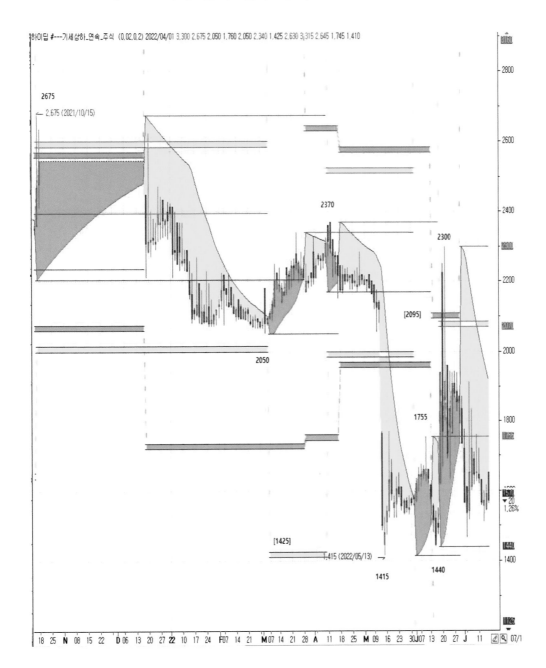

2050*52-2675=1425......실제 바닥=1415

1755*2-1415=2095.......실제 천정=2095

<case study>......기세 상하_연속_주식

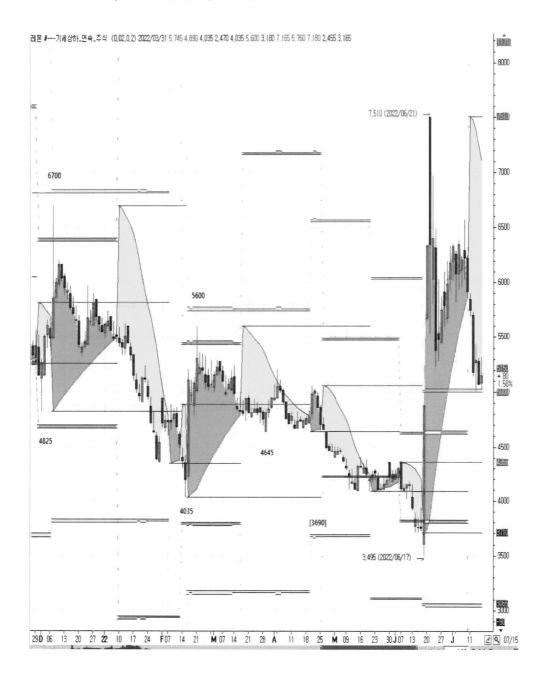

4645*2-5600=3690......실제 바닥=3495

<case study>......기세 상하_연속_주식

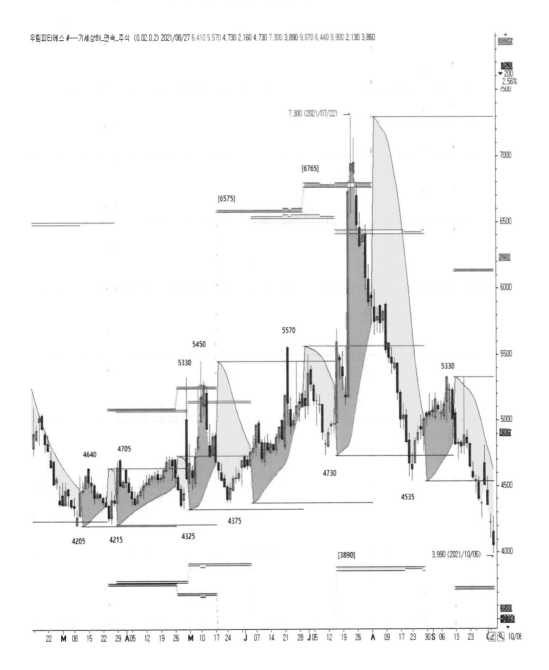

5450*2-4325=6575......실제 천정=7300

5570*2-4375=6765......실제 천정=7300

4730*2-5570=3890

<case study>......기세 상하_연속_주식

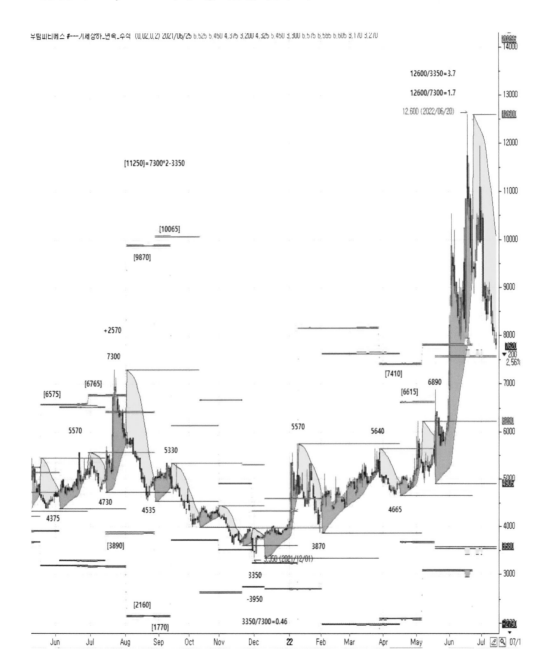

7300*2-4730=9870........실제 천정=12600

7300*2-4535=10065......실제 천정=12600

7300*2-3350=11250......실제 천정=12600

<case study>......기세 상하_연속_주식

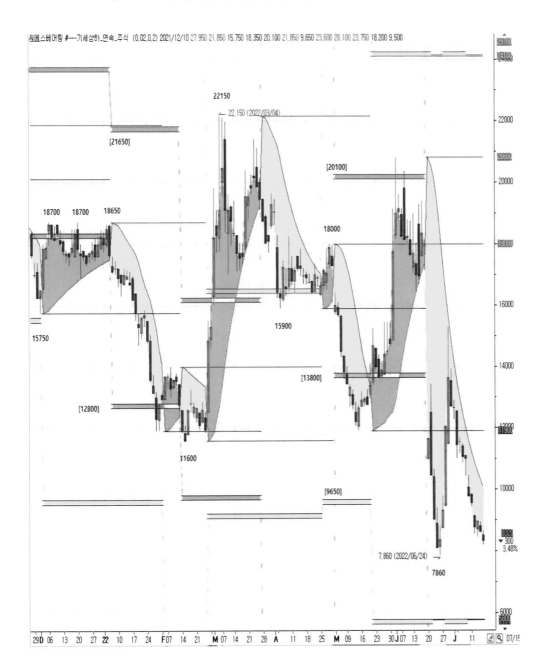

18700*2-15750=21650......실제 천정=22150

15750*2-18700=12800......실제 바닥=11600

15900*2-22150=9650........실제 바닥=7860

<case study>......기세 상하_연속_주식

<동국제강 월간 차트>

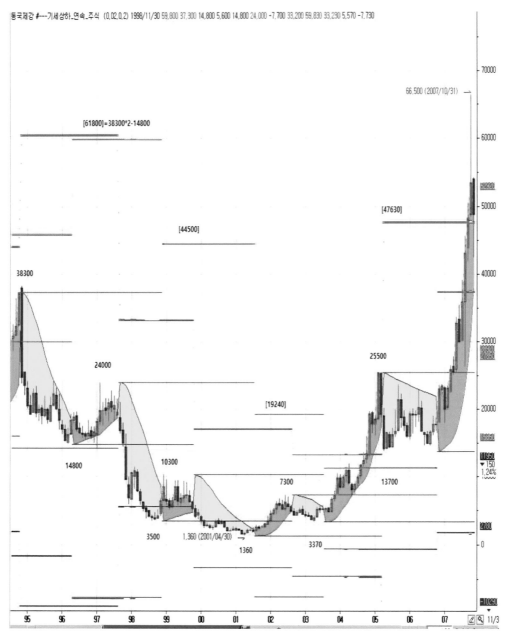

38300*2-14800=61800......실제 천정=66500
24000*2-3500=44500........실제 천정=66500
10300*2-1360=19240.......실제 천정=25500
25500*2-3370=47630........실제 천정=66500

<case study>......기세 상하_연속_주식

<HMM 월간 차트>

HMM #---기세상하_연속_주식 (0,02,0,2) 2016/06/30 54,210 28,050 1,890 -9,650 9,200 28,050 -24,270 46,900 54,360 47,050 -9,800 -24,420

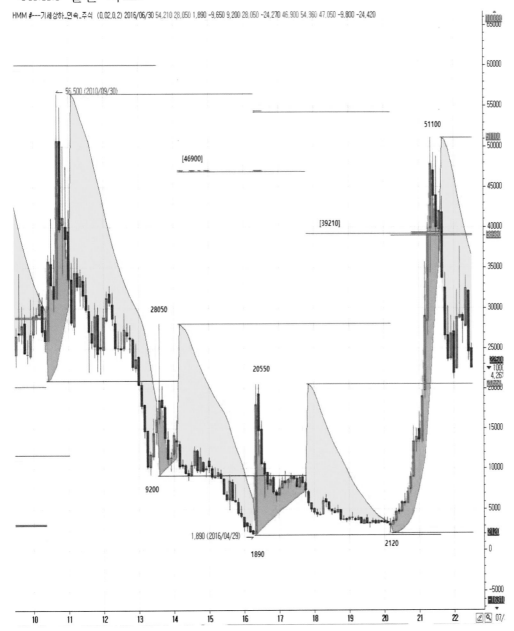

28050*2-9200=46900......실제 천정=51100

20550*2-1890=39210......실제 천정=51100

- 42 -

<case study>......기세 상하_연속_주식

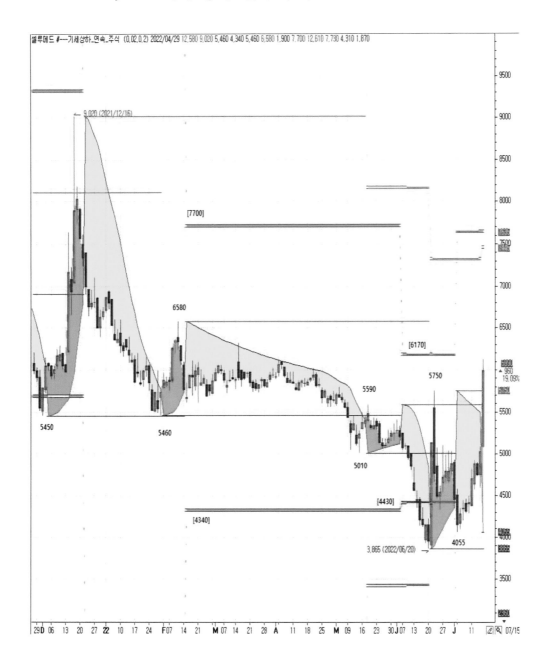

6580*2-5460=7700

5460*2-6580=4340......실제 바닥=3865

5010*2-5590=4430......실제 바닥=3865

<case study>......기세 상하_연속_주식

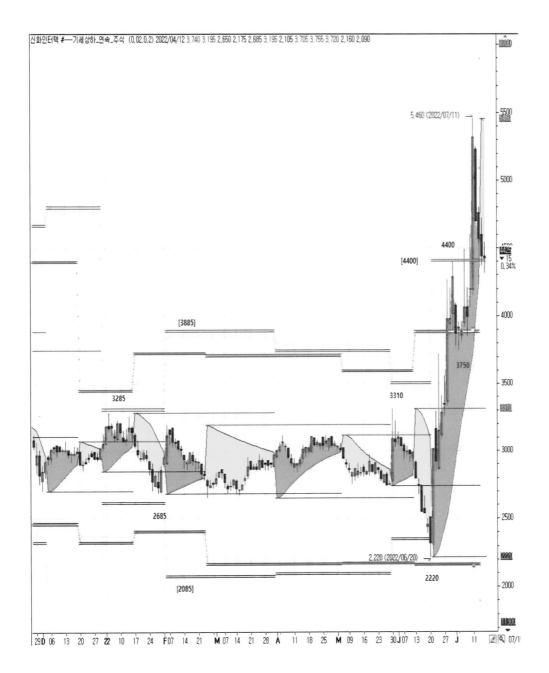

2685*2-3285=2085......실제 바닥=2220

3285*2-2685=3885......실제 천정=5460

3310*2-2220=4400......실제 천정=4400..3750 바닥..5460 천정

<case study>......기세 상하_연속_주식

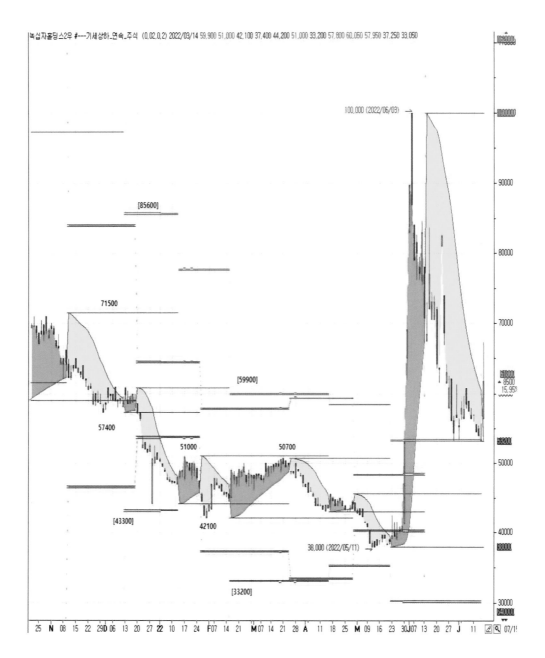

57400*2-71500=43300......실제 바닥=38000

71500*2-57400=85600......실제 천정=100000

<case study>......기세 상하_연속_주식

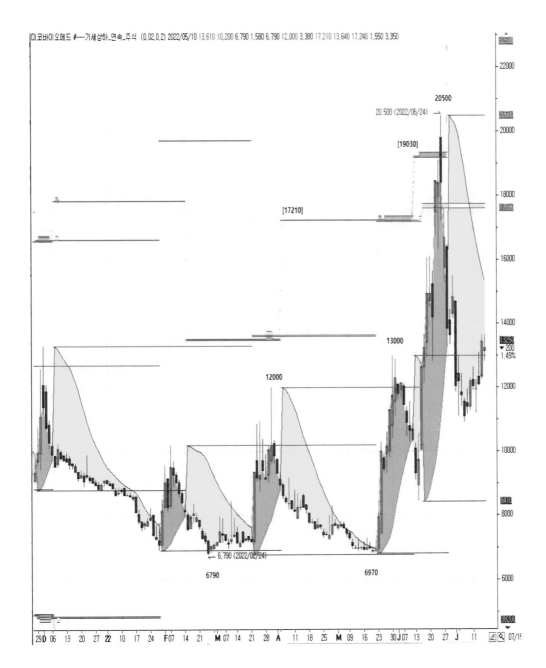

12000*2-6790=17210......실제 천정=20500

13000*2-6970=19030......실제 천정=20500

<case study>......기세 상하_연속_주식

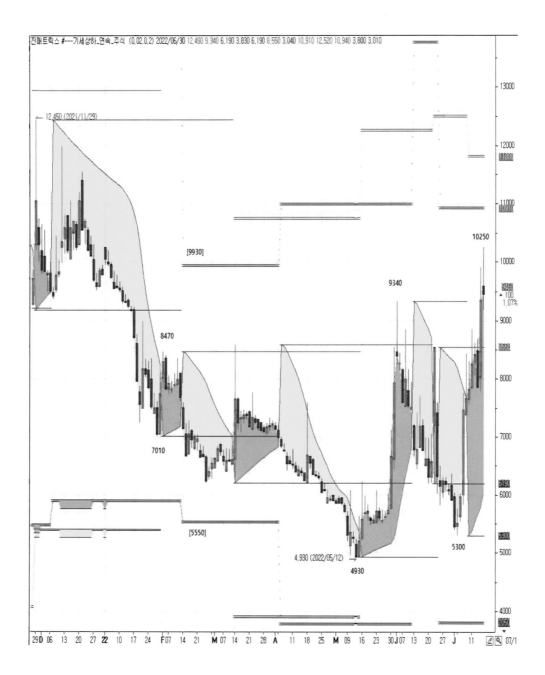

8470*2-7010=9930......실제 천정=10250

7010*2-8470=5550......실제 바닥=4930

<case study>......기세 상하_연속_주식

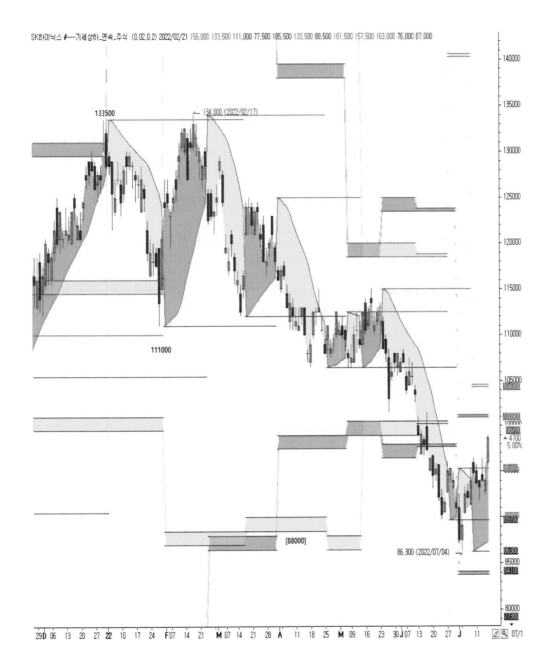

111000*2-134000=88000

실제 바닥=86300

<case study>......기세 상하_연속_주식

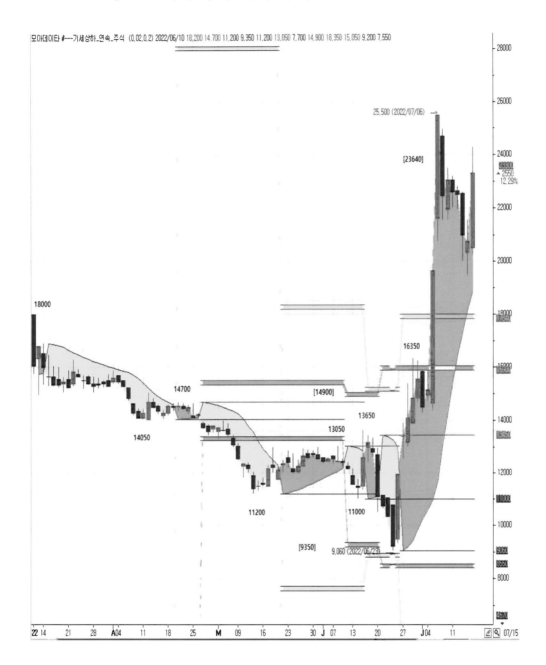

13050*2-11200=14900

11200*2-13050=9350......실제 바닥=9060

16350*2-9060=23640......실제 천정=25500

<case study>......기세 상하_연속_주식

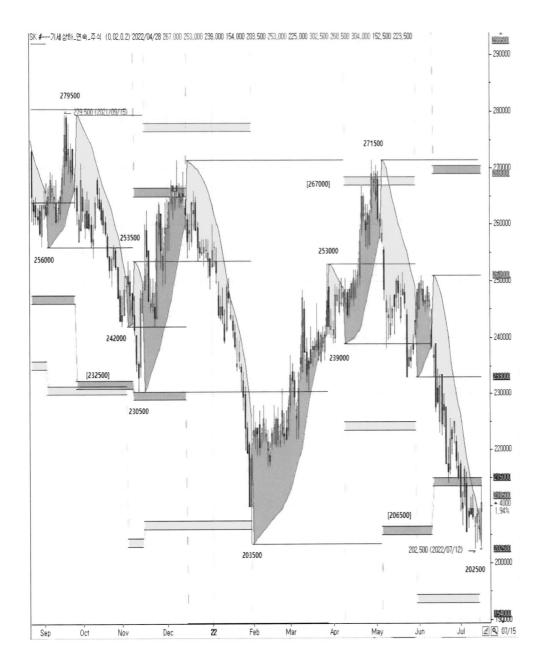

256000*2-279500=232500......실제 바닥=230500
230500*2-253500=207500......실제 바닥=203500

253000*2-239000=267000......실제 천정=271500
239000*2-271500=206500......실제 바닥=202500

<case study>......기세 상하_연속_주식

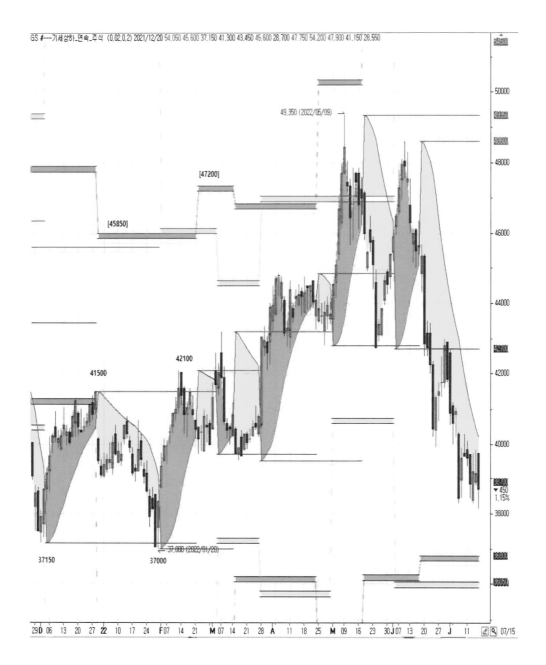

41500*2-37150=45850......실제 천정=49350

42100*2-37000=47200......실제 천정=49350

<case study>......기세 상하_연속_주식

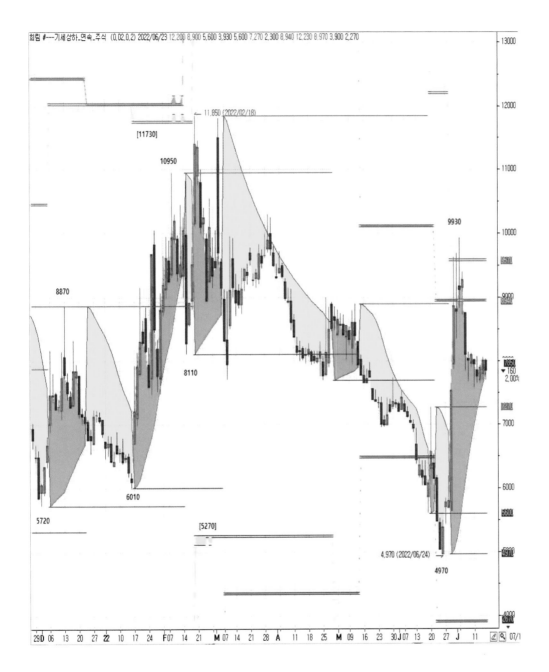

8870*2-6010=11730......실제 천정=11850

8110*2-10950=5270......실제 바닥=4970

<case study>......기세 상하_연속_주식

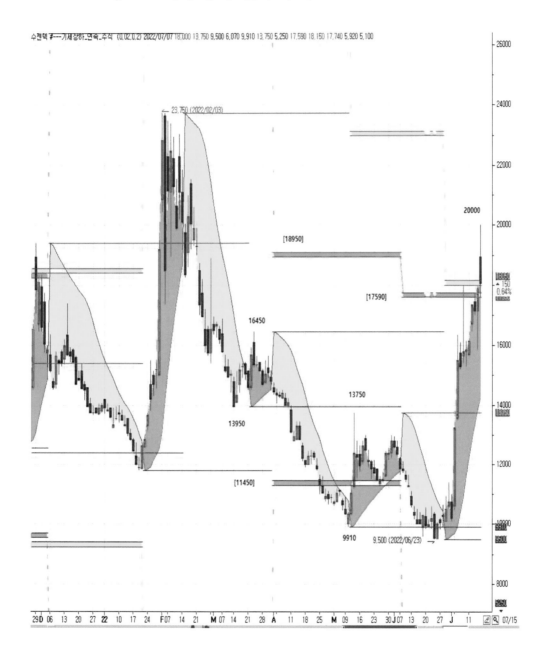

13450*2-13950=13950......실제 천정=20000

13950*2-16450=11450......실제 바닥=9910

13750*2-9910=17590.......실제 천정=20000

<case study>......기세 상하_연속_주식

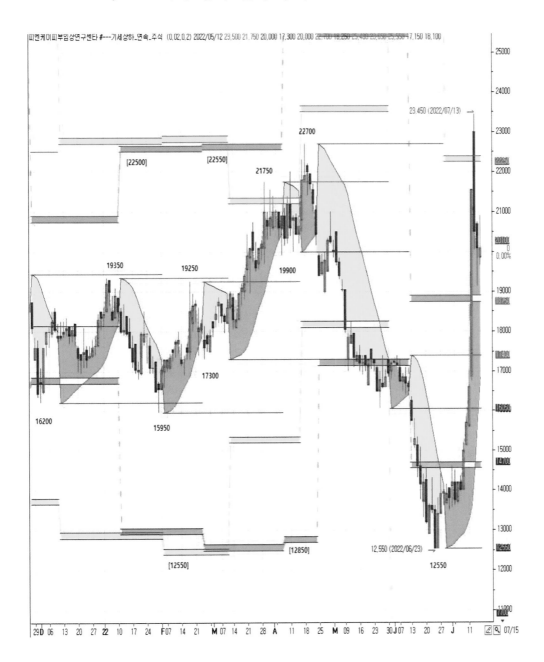

19350*2-16200=22500......실제 천정=22700

16200*2-19350=12550......실제 바닥=12550

17300*2-21750=12850......실제 바닥=12550

4. 기세 상하_연속_지수

<수식>
Input   : AF(0.02), AFMAX(0.2);
Var   : CSarv(0);

CSarv = CSar(af,afmax);

var : t(0),hh(0),hl(0),lh(0),ll(0);
var : hh1(0),hl1(0),lh1(0),ll1(0);

if CrossUp(C,CSarv) Then
{
    t = 1;
    hh = h;
    hl = l;
    hh1 = hh[1];
    hl1 = hl[1];

      var1 = hh1*2-ll;
      Var2 = hh1;
      Var3 = ll;
          Var7 = ll*2-hh1;
}

if CrossDown(C,CSarv) Then
{
    t = -1;
    lh = h;
    ll = l;
    lh1 = lh[1];
    ll1 = ll[1];

```
        var4 = ll1*2-hh;
        Var5 = ll1;
        Var6 = hh;
            Var8 = hh*2-ll1;
}

if t == 1 Then
{
    if h > hh Then
            hh = h;
    if l < hl Then
            hl = h;
}

if t == -1 Then
{
    if h > lh Then
            lh = h;
    if l < ll Then
            ll = l;
}

Plot1(var1,"상승목표");
Plot2(var2,"HH1");
Plot3(var3,"LL");
Plot4(var4,"하락목표");
Plot5(var5,"LL1");
Plot6(var6,"HH");
Plot7(var7,"하락목표1");
Plot8(var8,"상승목표1");
Plot9(var1+PriceScale*30,"상승목표+");
Plot10(var8+PriceScale*30,"상승목표1+");
Plot11(var4-PriceScale*30,"하락목표-");
Plot12(var7-PriceScale*30,"하락목표1-");
```

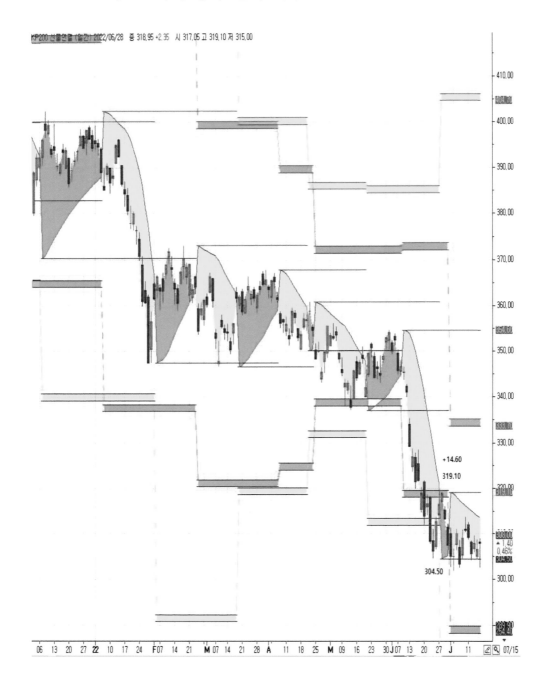

319.10-304.50=14.60
319.10+14.60=333.70
304.50-14.60=289.90

5. 기세 황금_당일

<수식>
Input   : AF(0.02), AFMAX(0.2);
Var   : Direction(0), SAR_Value(Close), AF_Value(.02),
HighValue(High), LowValue(Low), EP(0),CSarv(0);

```
if Index == 0 or (Bdate != Bdate[1]) Then
{
      Direction = 0;
      SAR_Value = C;
      AF_Value = 0.02;
      HighValue = H;
      LowValue = L;
      EP = 0;
}

if EP != 0 Then
{
   if Direction == 1 then
   {
      EP = HighValue;
         SAR_Value = SAR_Value + AF_Value * (EP - SAR_Value);

         if High > HighValue then
         {
               HighValue = High;
               AF_Value = AF_Value + AF;
               if AF_Value >= AFMAX then AF_Value = AFMAX;
         }

         if Close < SAR_Value then
         {
```

```
                Direction        = -1;
                SAR_Value          = EP;
                AF_Value        = 0;
                EP                    = 0;
                LowValue        = low;

        }
    }
    else
    {
        EP = LowValue;
        SAR_Value = SAR_Value + AF_Value * (EP - SAR_Value);

        if Low < LowValue then
        {
            LowValue = Low;
            AF_Value = AF_Value + Af;
            if AF_Value >= AFMAX then AF_Value = AFMAX;
        }

        if Close > SAR_Value then
        {
            Direction = 1;
            SAR_Value = EP;
            AF_Value = 0;
            EP = 0;
            HighValue = High;
        }
    }

    CSarv = SAR_Value;
}
else
{
    if SAR_Value != 0 && EP == 0 then
```

```
{
    if  Direction == 1 then
        {
                EP = HighValue;
                AF_Value = AF;
                SAR_Value  =  SAR_Value  +  AF_Value  *  (EP  -
SAR_Value);

                if High > HighValue  then
                {
                        HighValue = High;
                        AF_Value = AF_Value + AF;

                        if  AF_Value  >=  AFMAX  then  AF_Value  =
AFMAX;
                }
        }
        else
        {
                EP = LowValue;
                AF_Value = Af;
                SAR_Value  =  SAR_Value  +  AF_Value  *  (EP  -
SAR_Value);

                if Low < LowValue then
                {
                        LowValue = Low;
                        AF_Value = AF_Value + AF;

                        if  AF_Value  >=  AFMAX  then  AF_Value  =
AFMAX;
                }
        }
```

```
                CSarv = SAR_Value;
}
else
{
    if Direction == 0 then
        {
                if Close > Close[1] then Direction = 1;
                else
                        if Close < Close[1] then Direction = -1;


        }
        else
        {
            if Direction == 1 then
            {
                    if Close < Close[1] then
                    {
                            Direction = -1;
                            SAR_Value = HighValue;
                            CSarv = SAR_Value;
                    }
              }

            if Direction == -1 then
            {
                if Close > Close[1] then
                    {
                            Direction = 1;
                            SAR_Value = LowValue;
                            CSarv = SAR_Value;
                    }
                }
        }
```

```
              LowValue         = min(Low,         LowValue);
              HighValue         = max(High,  HighValue);
      }
}

var : t(0),hh(0),hl(0),lh(0),ll(0);
var : hh1(0),hl1(0),lh1(0),ll1(0);

if CrossUp(C,CSarv) Then
{
       t = 1;
       hh = h;
       hl = l;
       hh1 = hh[1];
       hl1 = hl[1];


         var1 = hh1*1.5-ll*0.5;
         Var2 = hh1;
         Var3 = ll;
             Var7 = ll*1.5-hh1*0.5;



}

if CrossDown(C,CSarv) Then
{
       t = -1;
       lh = h;
       ll = l;
       lh1 = lh[1];
       ll1 = ll[1];


         var4 = ll1*1.618-hh*0.618;
```

```
            Var5 = ll1;
            Var6 = hh;
                  Var8 = hh*1.618-ll1*0.618;


}

if t == 1 Then
{
        if h > hh Then
                hh = h;
        if l < hl Then
                hl = h;
}

if t == -1 Then
{
        if h > lh Then
                lh = h;
        if l < ll Then
                ll = l;
}

Plot1(var1,"상승목표");
Plot2(var2,"HH1");
Plot3(var3,"LL");
Plot4(var4,"하락목표");
Plot5(var5,"LL1");
Plot6(var6,"HH");
Plot7(var7,"하락목표1");
Plot8(var8,"상승목표1");
Plot9(var1+PriceScale*1,"상승목표+");
Plot10(var8+PriceScale*1,"상승목표1+");
Plot11(var4-PriceScale*1,"하락목표-");
Plot12(var7-PriceScale*1,"하락목표1-");
```

<case study>

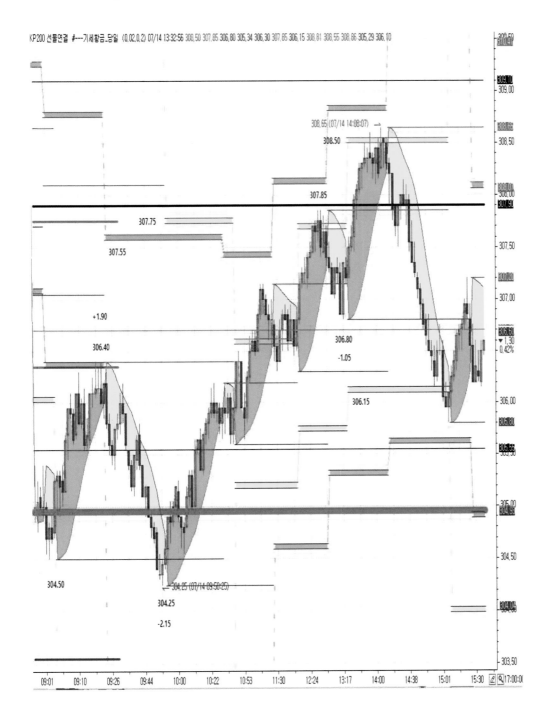

$$306.40+(306.40-304.50)*0.618=306.40*1.618-304.50*0.618=307.55$$

$$306.40+(306.40-304.25)*0.618=306.40*1.618-304.25*0.618=307.75$$

6. 기세 황금_연속

<수식>

Input   : AF(0.02), AFMAX(0.2);
Var   : CSarv(0);

CSarv = CSar(af,afmax);

var : t(0),hh(0),hl(0),lh(0),ll(0);
var : hh1(0),hl1(0),lh1(0),ll1(0);

```
if CrossUp(C,CSarv) Then
{
      t = 1;
      hh = h;
      hl = l;
      hh1 = hh[1];
      hl1 = hl[1];

        var1 = hh1*1.5-ll*0.5;
        Var2 = hh1;
        Var3 = ll;
            Var7 = ll*1.5-hh1*0.5;
}

if CrossDown(C,CSarv) Then
{
      t = -1;
      lh = h;
      ll = l;
      lh1 = lh[1];
      ll1 = ll[1];
```

```
        var4 = ll1*1.5-hh*0.5;
        Var5 = ll1;
        Var6 = hh;
            Var8 = hh*1.5-ll1*0.5;
}

if t == 1 Then
{
    if h > hh Then
            hh = h;
    if l < hl Then
            hl = h;
}

if t == -1 Then
{
    if h > lh Then
            lh = h;
    if l < ll Then
            ll = l;
}

Plot1(var1,"상승목표");
Plot2(var2,"HH1");
Plot3(var3,"LL");
Plot4(var4,"하락목표");
Plot5(var5,"LL1");
Plot6(var6,"HH");
Plot7(var7,"하락목표1");
Plot8(var8,"상승목표1");
Plot9(var1+PriceScale*1,"상승목표+");
Plot10(var8+PriceScale*1,"상승목표1+");
Plot11(var4-PriceScale*1,"하락목표-");
Plot12(var7-PriceScale*1,"하락목표1-");
```

7. 기세 황금_연속_주식

<수식>
Input   : AF(0.02), AFMAX(0.2);
Var   : CSarv(0);

CSarv = CSar(af,afmax);

var : t(0),hh(0),hl(0),lh(0),ll(0);
var : hh1(0),hl1(0),lh1(0),ll1(0);

if CrossUp(C,CSarv) Then
{
      t = 1;
      hh = h;
      hl = l;
      hh1 = hh[1];
      hl1 = hl[1];

        var1 = hh1*1.5-ll*0.5;
        Var2 = hh1;
        Var3 = ll;
            Var7 = ll*1.5-hh1*0.5;
}

if CrossDown(C,CSarv) Then
{
      t = -1;
      lh = h;
      ll = l;
      lh1 = lh[1];
      ll1 = ll[1];

```
            var4 = ll1*1.5-hh*0.5;
            Var5 = ll1;
            Var6 = hh;
                Var8 = hh*1.5-ll1*0.5;
}


if t == 1 Then
{
        if h > hh Then
                hh = h;
        if l < hl Then
                hl = h;
}


if t == -1 Then
{
        if h > lh Then
                lh = h;
        if l < ll Then
                ll = l;
}


Plot1(var1,"상승목표");
Plot2(var2,"HH1");
Plot3(var3,"LL");
Plot4(var4,"하락목표");
Plot5(var5,"LL1");
Plot6(var6,"HH");
Plot7(var7,"하락목표1");
Plot8(var8,"상승목표1");
Plot9(var1+PriceScale*3,"상승목표+");
Plot10(var8+PriceScale*3,"상승목표1+");
Plot11(var4-PriceScale*3,"하락목표-");
Plot12(var7-PriceScale*3,"하락목표1-");
```

8. 기세 황금_연속_지수

<수식>
Input   : AF(0.02), AFMAX(0.2);
Var   : CSarv(0);

CSarv = CSar(af,afmax);

var : t(0),hh(0),hl(0),lh(0),ll(0);
var : hh1(0),hl1(0),lh1(0),ll1(0);

if CrossUp(C,CSarv) Then
{
      t = 1;
      hh = h;
      hl = l;
      hh1 = hh[1];
      hl1 = hl[1];

        var1 = hh1*1.5-ll*0.5;
        Var2 = hh1;
        Var3 = ll;
            Var7 = ll*1.5-hh1*0.5;
}

if CrossDown(C,CSarv) Then
{
      t = -1;
      lh = h;
      ll = l;
      lh1 = lh[1];
      ll1 = ll[1];

```
        var4 = ll1*1.5-hh*0.5;
        Var5 = ll1;
        Var6 = hh;
             Var8 = hh*1.5-ll1*0.5;
}

if t == 1 Then
{
     if h > hh Then
          hh = h;
     if l < hl Then
          hl = h;
}

if t == -1 Then
{
     if h > lh Then
          lh = h;
     if l < ll Then
          ll = l;
}

Plot1(var1,"상승목표");
Plot2(var2,"HH1");
Plot3(var3,"LL");
Plot4(var4,"하락목표");
Plot5(var5,"LL1");
Plot6(var6,"HH");
Plot7(var7,"하락목표1");
Plot8(var8,"상승목표1");
Plot9(var1+PriceScale*30,"상승목표+");
Plot10(var8+PriceScale*30,"상승목표1+");
Plot11(var4-PriceScale*30,"하락목표-");
Plot12(var7-PriceScale*30,"하락목표1-");
```

도서명 내차트는 내가 만든다(내차내만)(3)

발 행 | 2022년 07월 19일
저 자 | 손태건(필명(타이쿤))
펴낸이 | 한건희
펴낸곳 | 주식회사 부크크
출판사등록 | 2014.07.15.(제2014-16호)
주 소 | 서울특별시 금천구 가산디지털1로 119 SK트윈타워 A동 305호
전 화 | 1670-8316
이메일 | info@bookk.co.kr

ISBN | 979-11-372-8955-0

www.bookk.co.kr
ⓒ 손태건 2022
본 책은 저작자의 지적 재산으로서 무단 전재와 복제를 금합니다.